Ce livre est une compilation de 4 titres
parus dans la collection Petits doigts :
Mes gommettes pas bêtes © Fleurus, 1996
Mon zoo en papier © Fleurus, 1998
Ma ferme en pâte à modeler © Fleurus, 1998
Chenilles toutes douces © Fleurus, 1998

Mon zoo en papier
Photographies de Bertrand Mussotte
Ma ferme en pâte à modeler
Photographies de Marc Teboul et de Bertrand Mussotte
pour la double page finale
Chenilles toutes douces
Bertrand Mussotte

Conception graphique des pages intérieures :
Isabelle Bochot
Couverture : Christine Paquereau-Le Masle

Dépôt légal : mars 1999
ISBN : 2-215-07009-9
Imprimé en Belgique par Casterman
1re édition

Loi n° 49-956 du 16 juillet 1949 sur les publications destinées à la jeunesse

Activités pour petits doigts

chenilles
papier
pâte à modeler
gommettes

EDITIONS FLEURUS

L'auteur-illustrateur

Dominique Maume est illustratrice et professeur d'éducation artistique appliquée. Elle connaît bien les tout-petits et conçoit pour eux des jeux et des exercices pédagogiques. Dans la collection « Petits doigts », elle recherche la simplicité des formes et des couleurs pour mettre ses créations à la portée des petits. La qualité graphique n'en est pas pour autant négligée. Au contraire ! Les petits ne seront pas déçus.

Mes gommettes pas bêtes

DOMINIQUE MAUME

Introduction

Ronds bleus, carrés rouges, triangles jaunes, couleurs franches et formes simples, les gommettes offrent un matériel attrayant et particulièrement adapté au jeune enfant.

Faciles à manipuler, elles vont ici se mélanger, s'assembler et se transformer pour créer des animaux et des paysages colorés.

Les éléments obtenus pouvant se combiner de multiples façons, chacun pourra donner libre cours à sa fantaisie. Les exemples proposés ne servent qu'à déclencher l'imagination et la créativité des « petits doigts ».

Tout en s'amusant, l'enfant maîtrise de mieux en mieux l'organisation spatio-temporelle, le rythme et l'habileté manuelle. Le langage et l'échange affectif si importants à cet âge ne sont pas pour autant oubliés car de chenille en papillon, de cochon en poisson, les gommettes racontent aussi des histoires !

Les astuces du décor

L'utilisation du papier de couleur permet de créer un décor attrayant par simple superposition de bandes différentes, assemblées avec de la colle en bâton.

Le découpage est facilité par l'absence de formes compliquées. Suivant le goût et les possibilités de l'enfant, on pourra employer des techniques différentes :

- **bords nets :** découper avec des ciseaux à bout rond.

- **bords dentelés :** découper avec des ciseaux « crocodiles » (ciseaux cranteurs). Les bords seront différents selon les modèles de ciseaux.

- **bords déchirés :** déchirer tout simplement le papier.

Bords nets
Bords dentelés
Bords déchirés

1,2,3 je descends,
1,2,3 je monte,
1,2,3 je redescends.
1 et 2 je remonte.

Voici ma tête...
et mes yeux...
verts ou bleus ?

Deux grandes ailes, deux petites,
et un corps, je suis le papillon.

La chenille et le papillon

Voici ma queue, mon
corps tout rond, mes
nageoires et mon œil !
Comme je suis beau,
dit le poisson-lune.

Voici mes nageoires,
mon corps, mon œil
et ma queue.
Comme je suis fine,
dit la sardine.

Des bulles et des poissons

D'abord mon corps, et puis ma tête en haut ou en bas ? Fais-moi un bec avec un petit morceau de gommette ou dessine-le au feutre comme mon œil et mes pattes.

Trois poussins s'en vont aux champs

Une tête, un corps rouge
et des points noirs.
Je suis la coccinelle, n'oublie pas
mes yeux et mes antennes.

Pour faire un
tournesol, il faut une
grande tige, des
feuilles, un cœur et
plein de pétales.

La coccinelle au tournesol

Un rectangle plus deux moitiés
de rond, voilà mon corps.

Un ovale pour ma tête,
un bout de gommette pour
le bec et un œil dessiné.
N'oublie pas mes ailes !

Un ovale pour le corps, un rond pour la tête,
à droite ou à gauche ? Un bec, un œil et une aile.

À l'eau les petits canards !

Un gros ovale pour le corps, un moyen pour la tête, deux tout petits pour les oreilles et deux pour les pattes, une queue comme un pompon et un œil tout rond.

Un tronc, un triangle, deux triangles, trois triangles. Petit sapin deviendra grand !

Un rêve de lapin bleu

Une et deux et trois
gommettes pour mon
gros ventre, plus une
tête, dit le cochon.

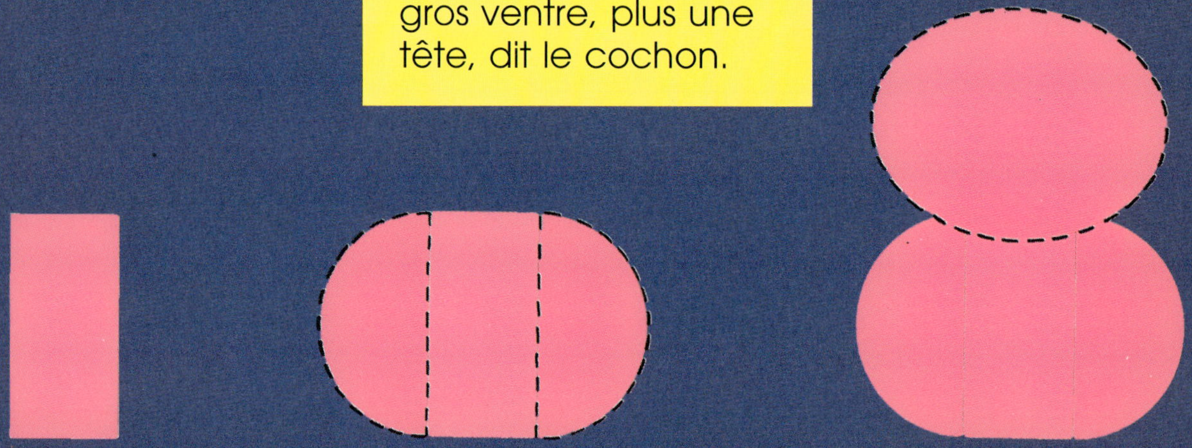

Deux grandes oreilles, un groin et deux pattes,
je suis presque terminé. Prends ton crayon
ou ton feutre pour faire mes yeux et mes naseaux.

Petit cochon et sa maison

Un museau pointu, un corps et deux oreilles.
Eh ! N'oublie pas mon œil et ma queue,
crie la souris.

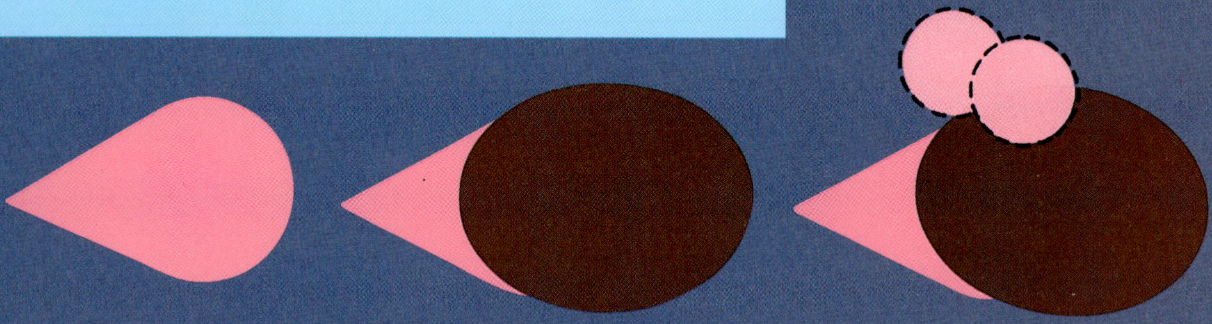

Voici mon château et
sa porte, mais où sont
passés les trous de
gruyère ?

Madame Souris et son château de gruyère

Un ovale pour mon corps, un autre pour ma tête puis mes deux pattes.

Deux gommettes rondes pour placer mes yeux et un trait de feutre pour me donner le sourire !

Deux feuilles, un pétale au milieu, deux autres de chaque côté. Oh le beau nénuphar !

La grenouille et le nénuphar

À toi d'imaginer de nouveaux paysages !

À Alix et Luc

L'auteur-illustrateur

Formée à l'École des Beaux Arts, Édith Barker est une grande spécialiste du papier.

Elle l'a prouvé avec succès dans de nombreux ouvrages parus aux Éditions Fleurus. Elle s'adresse surtout aux enfants.

Mon zoo en papier

ÉDITH BARKER

Introduction

Tous ces animaux sont construits à partir de formes très simples, faciles à dessiner et à découper dans du papier de couleur assez fort : ronds, carrés, rectangles, ovales, triangles. L'assemblage des éléments se fait à l'aide d'encoches ou de quelques points de colle.

Les constructions sont très visuelles. Tout doit être compris d'un seul coup d'œil : les proportions et l'assemblage général (corps, têtes, pattes). Plus l'animal est grand, plus le papier utilisé doit être épais.

Pour plus de facilité, décorer chacune des parties des animaux avant de les assembler.

Plis et fentes

Quand il faut **découper** une forme, c'est indiqué par des hachures.

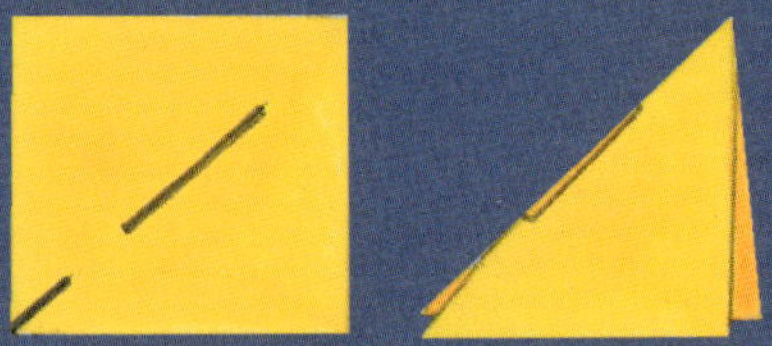

Quand il faut **plier** une forme, c'est indiqué en pointillés.

Quand il faut faire une **fente**, c'est indiqué par un trait épais.

Décoration

Pour réaliser les yeux, les dents et les taches des animaux, utilise des crayons de couleur, des feutres, et également des gommettes ou du papier découpé. Pour faire briller les yeux, ajoute une petite touche de gouache blanche.

Matériel

- papier de couleur fin
- papier de couleur épais
- crayon à papier
- gomme
- colle en bâton ou en tube
- ciseaux
- feutres
- crayons de couleur
- pinceau fin
- gouache
- gommettes
- règle plate

Astuce

Utilise un objet circulaire pour tracer les ronds petits et grands (bouchon, bol ou verre retourné...).

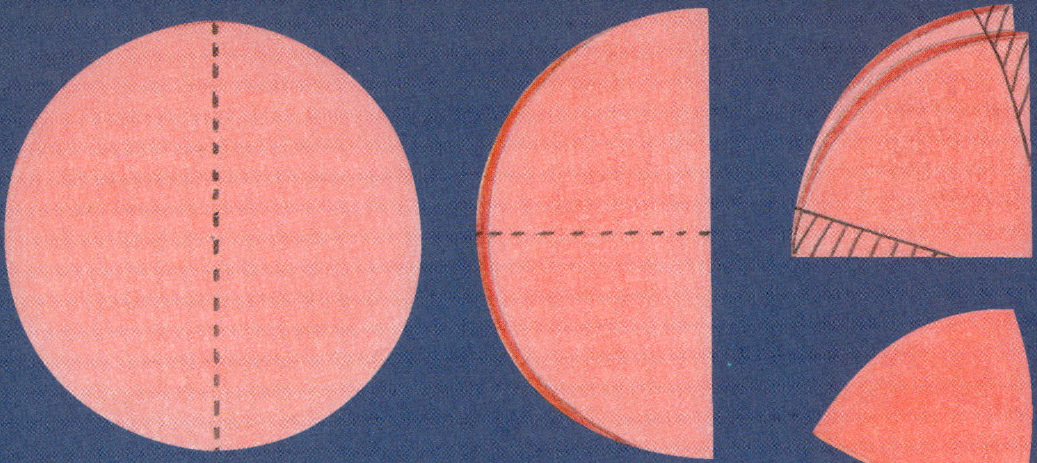

Les ailes du papillon. Utilise un rond plié en quatre. Dessine les parties hachurées, découpe-les. Déplie les ailes et décore-les.

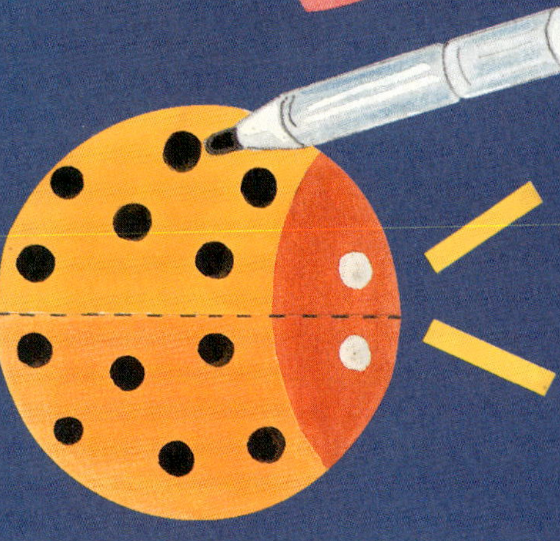

Le corps. Plie une bande en longueur et coupe les coins. Colle-la au milieu des ailes. Ajoute les antennes !

La coccinelle. Découpe un rond. Plie-le puis déplie-le. Dessine les taches. N'oublie pas les antennes !

Volez, papillons et coccinelles !

Le corps et la tête. Découpe des ronds ou des carrés identiques, de toutes les couleurs. Plie chacun d'entre eux en deux. Colle-les à cheval les uns à la suite des autres. Ajoute les yeux et les antennes.

Posées ou suspendues, les chenilles auront naturellement une jolie silhouette arrondie.

Des chenilles très colorées !

Le corps. Plie une grande bande en deux dans le sens de la longueur. Dessine les parties hachurées, découpe-les. Décore-les au feutre. Dessine les écailles au feutre.

Les yeux. Coupe un petit rond en deux. Décore au feutre.
Les dents. Découpe deux petites bandes crantées.
Les pattes. Coupe et plie deux bandes. Crante les bouts.

Colle les yeux, les dents et les pattes de ton crocodile.

Petit croco deviendra grand

Le corps. Découpe un carré et plie-le en deux. Avec un adulte, coupe les deux fentes.

Peins la bouche et les yeux. Décore avec des gommettes. Relève les pointes du bas.

La queue. Découpe une forme en V et colle-la dans la fente.

L'aileron. Découpe-le et colle-le sur un côté du corps à l'intérieur de la fente.

Drôles de requins taquins

Le corps et les pattes. Découpe un demi-rond et deux rectangles. Coupe les fentes. Emboîte les pattes sur le corps.

La tête. Découpe un long triangle. Coupe la pointe. Dessine les yeux. Enroule la trompe sur un crayon.

Fais la fente pour faire tenir la tête sur le corps ! Colle deux oreilles découpées dans des carrés.

La queue. Plie une petite bande en deux puis coupe-la en biais. Colle-la sur le corps.

À l'eau, les éléphants !

Le corps. Plie en deux une longue bande de papier fort dans le sens de la largeur. Trace puis découpe les parties hachurées. Dessine les taches et les sabots de la girafe. Colle la queue.

La tête. Colle un triangle entre les deux épaisseurs du cou. Coupe la pointe du triangle.

Ajoute les yeux. Découpe et colle les deux cornes et les deux oreilles.

Bonjour, Demoiselles girafes

Le corps. Plie un triangle en deux. Rabats la pointe. Découpe et colle la queue.

La crinière. Découpe une forme de nuage rond.

La tête. Découpe un rond un peu aplati. Colle deux oreilles rondes et de fines moustaches. Dessine le museau. Colle la tête sur la crinière. Ajoute deux yeux. Colle le tout en haut du corps.

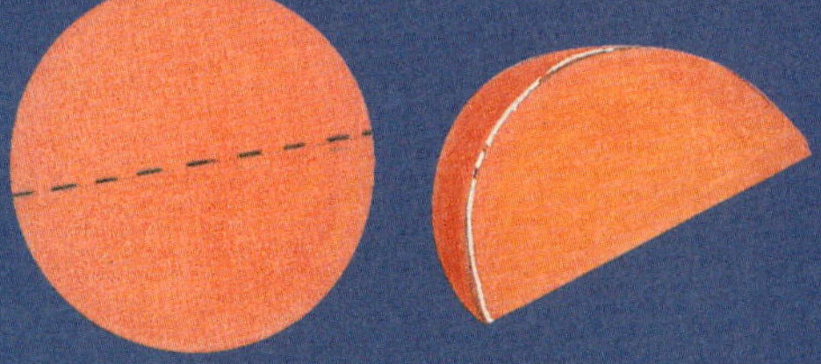

Les pattes. Découpe quatre ronds. Plie-les en deux puis colle-les.

Les lions se reposent au soleil

La roue. Coupe un carré. Fais un premier pli de la largeur d'un doigt. Retourne le papier et plie ainsi en accordéon jusqu'au bout.

Décore avec des gommettes ou des feutres. Plie l'accordéon en deux et colle les bords au milieu. Écarte les plis.

Le corps. Coupe une bande en pointe. Colorie le bec et les deux yeux. Forme une boucle, colle les deux bouts. Ajoute l'aigrette sur la tête.

Les pattes. Colle deux bandes. Colle le bas du corps dessus et la roue au dos.

Messieurs les paons font la roue

Le corps. Découpe un triangle, coupe la pointe du haut. Plie le corps en deux. Rabats le haut et coupe une petite fente au milieu.

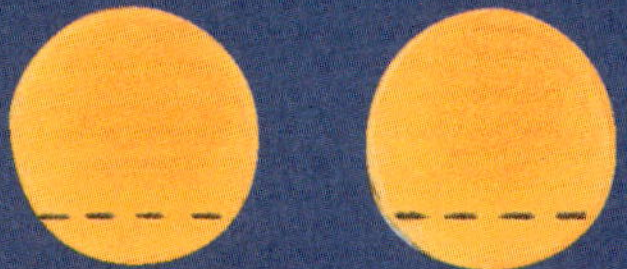

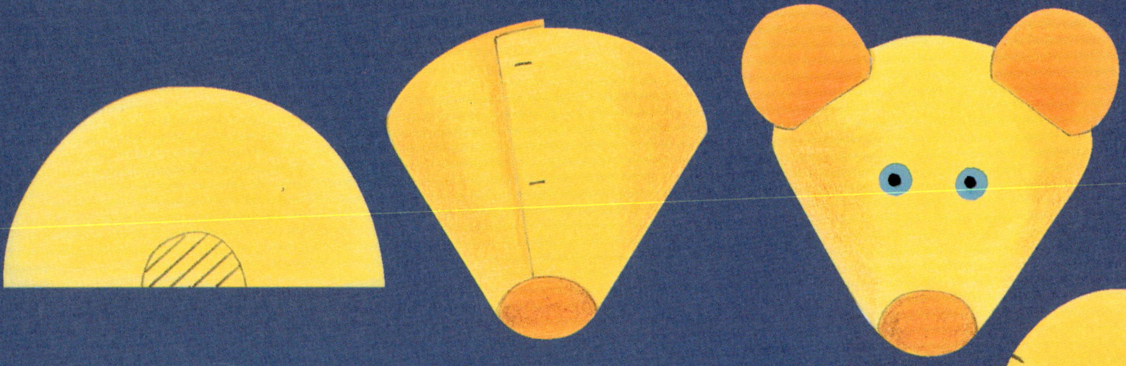

La tête. Utilise un demi-rond. Dessine la partie hachurée et découpe-la. Forme un entonnoir et agrafe les bords. Colle deux oreilles rondes et dessine les yeux. Colle la tête sur le corps.
Les pattes. Découpe quatre ronds et plie-les en deux. Colle-les sur le corps de l'ours.

Maman Ours et son petit

Imagine tout un zoo en papier !

À Siegfried, Edgar et Esther

L'auteur-illustrateur

Hélène Leroux-Hugon est auteur et illustrateur de nombreux livres d'activités manuelles. Elle enseigne les arts plastiques avec passion aux grands comme aux petits. Au contact des enfants, elle a développé une pédagogie, qui leur permet, à partir de formes simples, d'arriver à des résultats gratifiants, tout en créant des modèles pleins d'humour.

Ma ferme en pâte à modeler

HÉLÈNE LEROUX-HUGON

Introduction

Pastel, vive et tonique, ou fluo, la pâte à modeler met des couleurs plein les yeux !
Sa texture est souple, douce et agréable à manipuler. Ses différentes teintes sont stimulantes pour l'imagination créatrice de l'enfant.
Elle se laisse malaxer, rouler et pétrir pour le plaisir du geste. Elle se modèle en formes toutes simples qui s'assemblent pour se transformer en animaux : lapins, vaches, cochons et autres animaux de la ferme qui ont toujours autant de succès auprès des tout-petits.

Formes de base

Ramollis la pâte en la roulant dans tes mains.

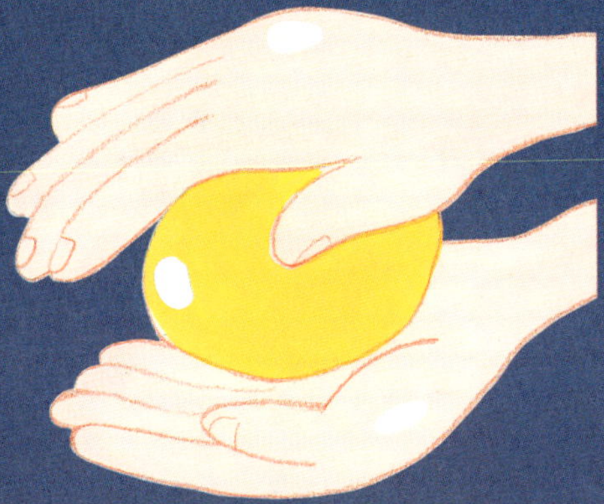

Boule : Prends un gros morceau de pâte et roule-le entre tes deux paumes.

Boulette : Fais une boule avec un petit morceau de pâte.

Disque : Pose une boule sur la table et aplatis-la. Tu peux faire un disque épais ou plus mince.

Colombin : Roule une boule sur la table, avec les mains bien à plat.

Pour coller les formes, presse-les doucement l'une contre l'autre.

Matériel

- pâte à modeler de toutes les couleurs,
- couteau en plastique à bout rond,
- cure-dents en bois,
- fil de fer fin à découper aux ciseaux,
- pailles,
- quelques plumes.

Quand tu arrêtes de jouer avec la pâte, range-la dans **une boîte hermétique.**

Les grenouilles.
Le corps. Modèle une grosse boule de pâte verte.

Les pattes. Forme deux larges disques de pâte verte et modèle-les avec un petit couteau. Assemble les pattes sous le corps.

Les yeux. Des boulettes blanches aplaties sur des boulettes vertes et des mini-boulettes rouges.
La bouche et les narines. Trace-les avec un cure-dents.

Le canard. Une boule ronde sur une boule ovale, un colombin pointu et une boulette étirée pour la queue et le bec. Fais les yeux avec des boulettes.

Dans la mare, quel tintamarre !

Le corps et la tête. Une grosse boule noire et une plus petite au-dessus.

Le bec. Colle un petit colombin pointu et fais deux trous avec un cure-dents.

Les barbillons. Pince deux petits disques de pâte rouge.

La crête. Aplatis un disque et modèle la crête avec les doigts. Fixe-la sur la tête.

Les yeux. Pose deux minuscules boulettes noires sur des boulettes blanches.

La queue. Pique quelques jolies plumes.

Cot, cot, cot... voici les poules

Les ailes. Modèle et colle ensemble quatre disques de pâte rouge.

Le corps. Place un colombin vert au milieu des disques. Décore-le avec des petits colombins noirs.

Les antennes. Découpe des morceaux de paille et fixe une boulette au bout.
Les taches. Décore les ailes avec des boulettes aplaties.

Volez, volez, papillons !

Le corps et la tête.
Une boule un peu ovale et une plus petite dessus.

Les oreilles. Arrondis deux colombins blancs. Colle une boulette rose étirée dessus.
Le museau. Colle un disque rose très mince sur la tête. Ajoute une boule pour le nez.

Les yeux. Deux petites boulettes bleues aplaties et deux mini-boulettes noires dessus.
La queue. Une petite boule blanche.
Termine ton lapin en faisant des petits trous avec un cure-dents.
Les carottes. Un colombin orange pointu au bout et un petit disque modelé au couteau.

Six petits lapins coquins

Le corps et les pattes. Pose une grosse boule rose sur deux boules plus petites.

Les oreilles. Modèle deux disques roses. Pinces-les et colle-les sur la tête.

Le groin. Un disque épais et deux petites boulettes rose foncé aplaties par-dessus.
Les yeux. Des mini-boulettes noires sur des boulettes blanches.

Cochons ronds et tout mignons !

Le corps et la tête.
Deux boules jaunes.

Les ailes. Forme deux disques jaunes.
Modèle les ailes avec un petit couteau.

Le bec et les yeux.
Un colombin pointu
et des boulettes.

La houppe.
Enroule un petit
colombin et fixe-le
sur la tête.

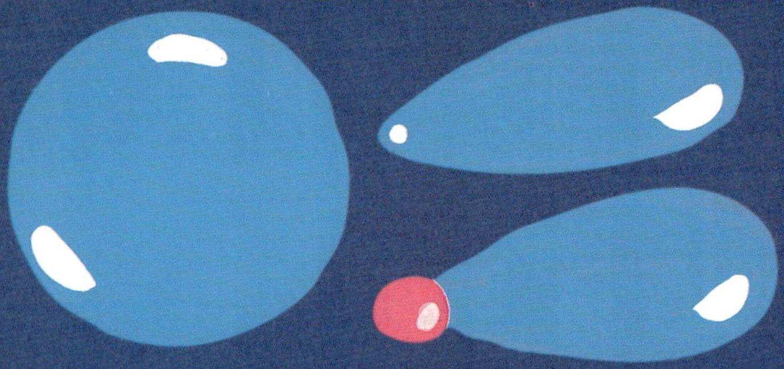

Le corps. Une boule bleue.
La tête. Étire une boule de pâte et ajoute une boule rose au bout.

Les oreilles. Fixe un disque de pâte blanche sur un disque bleu.
Les yeux. Aplatis deux boulettes blanches et pose deux minuscules boulettes noires par-dessus.
La queue. Modèle un long colombin fin.
Les moustaches. Pique des morceaux de fil de fer très fin au bout du museau.

Gare au chat, petites souris...

Le corps et la tête. Assemble deux boules blanches ovales.

Les pattes. Deux boulettes.
La queue. Modèle un petit colombin. Fixe une boulette aplatie au bout. Découpe des petites franges.
Les cornes. Un petit colombin étiré à chaque bout.

Les oreilles. Deux disques.
Les naseaux. Un disque rose et deux boulettes aplaties.
Les yeux. Une mini-boulette sur une boulette.
Des taches... De toutes les formes !

Meuh... font les vaches !

Le corps. Deux boules et un colombin.

Les oreilles. Modèle deux colombins en triangle. Ajoute deux boulettes aplaties.
Le museau. Un disque fin, une boule noire pour le nez, et deux colombins très fins pour les babines.

Les yeux. Aplatis deux boulettes vertes et pose deux minuscules boulettes noires par-dessus.
Les moustaches. Pique des morceaux de fil de fer très fin au bout du museau.
Les rayures. Modèle des bandes étroites ou utilise des ciseaux cranteurs.

Où sont les souris, messieurs les chats ?

Tous les animaux se retrouvent dans la prairie.

À Hugo et Adrien

L'auteur-illustrateur

Graphiste et illustratrice, Muriel Damasio conçoit aussi des jeux et des activités parascolaires. Elle propose des petits bricolages, rapides et efficaces, qui associent matériaux de récupération et matériaux pour travaux manuels.
Elle se fait complice des «petits doigts» en les accompagnant dans leurs découvertes créatives.

Chenilles toutes douces

MURIEL DAMASIO

Introduction

De toutes les couleurs et peu onéreuses, généralement vendues en paquets de couleurs assorties, les chenilles douces et souples, ondulent, s'enroulent et s'entortillent. L'idée se modèle et prend forme au rythme du toucher. L'enfant a le plaisir de la découverte, il peut détordre la chenille et recommencer à loisir.
La chenille se recoupe et s'assemble à d'autres éléments pour créer des personnages, des fleurs ou des animaux. Voici un bon moment récréatif en perspective !

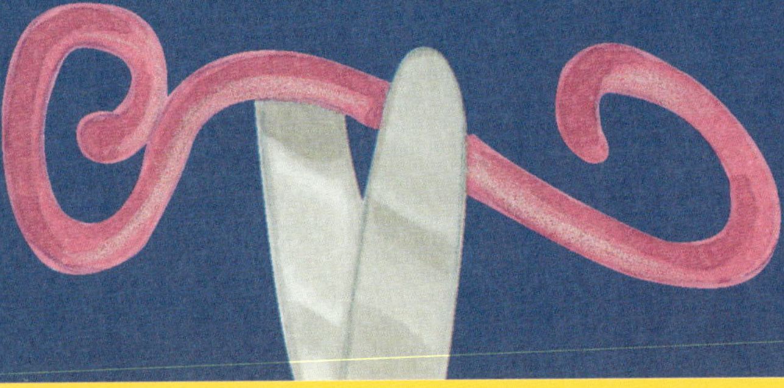

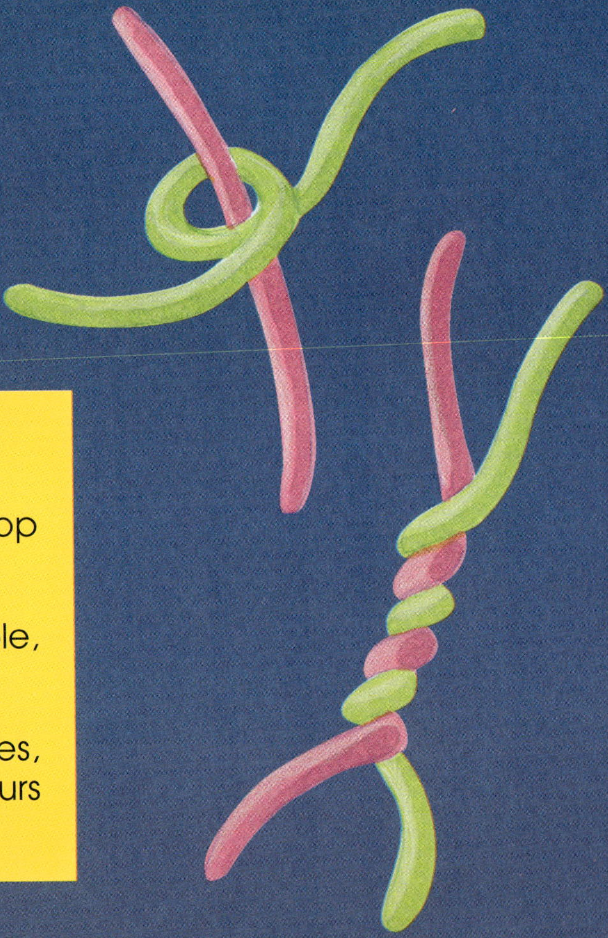

Les chenilles

Coupe les morceaux de chenille trop longs, avec des ciseaux.

Pour accrocher deux chenilles ensemble, entortille-les.

Pour torsader deux chenilles entre elles, place-les côte à côte et vrille-les toujours dans le même sens.

Formes en polystyrène

Tu as besoin de **boules** et **d'œufs.**

Peinture
Pique les formes sur une brochette pour ne pas te salir les doigts et peins-les avec de la peinture pas trop liquide.
Fais sécher dans un pot.

Pour fixer la chenille
Fais d'abord un trou dans le polystyrène avec une brochette.
Puis, enfonce la chenille dans le trou.

Autre matériel

- Boules de cotillons
- Boîtes à fromage
- Perforatrice
- Yeux mobiles
- Gouache et pinceaux
- Brochettes en bois et cure-dents
- Colle blanche vinylique
- Ciseaux.

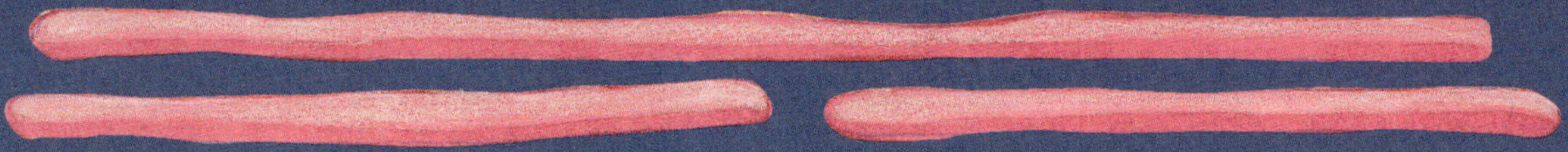

Choisis deux longues chenilles de la même taille et de la même couleur. Coupe l'une d'elles en deux.

Forme un rond au bout de la grande chenille pour la tête.

Croise une petite chenille un peu au-dessous de la tête. Voilà les bras.

Attache l'autre petite chenille au corps pour faire une jambe. Replie au bout pour les pieds. Tords les bras et les jambes. Ton bonhomme danse.

Bonshommes arc-en-ciel

Peins une boule
de cotillon.
Laisse sécher.

Enroule une chenille autour d'un crayon,
sans serrer, pour faire le corps.

Forme une touffe
de poils et une bouche
avec deux petits
morceaux de chenille.
Colle-les sur la tête
en laissant le trou
du cotillon derrière.
Colle les yeux mobiles.

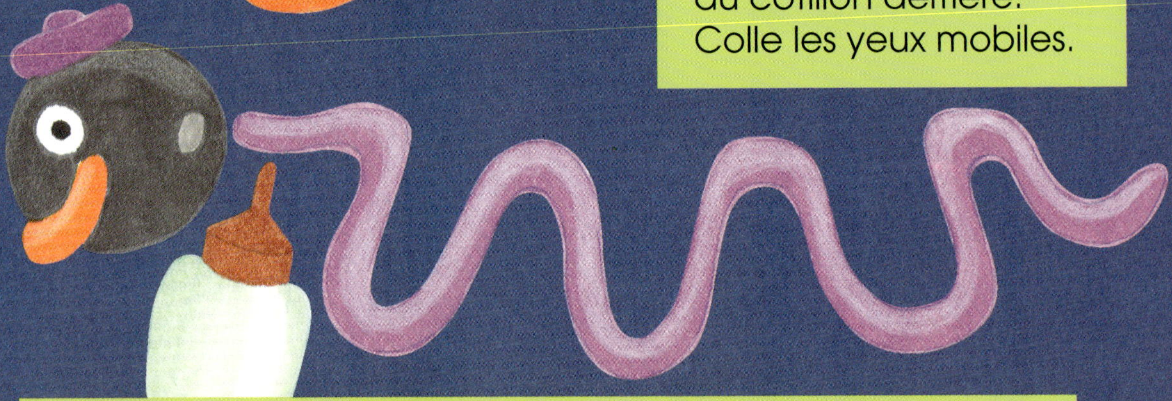

Mets de la colle au bout du corps et pique-le dans la tête.
Ta drôle de chenille est prête à gambader.

Drôles de chenilles

Enroule, de chaque côté,
2 chenilles en spirale pour
former les ailes.

Pour le corps,
plie une chenille
noire en deux
et vrille jusqu'à
la moitié.

Place les ailes dos à dos et entoure-les
avec le corps. Serre bien pour tout
attacher. Modèle de belles spirales pour les
antennes... avant de lâcher ton papillon.

Papillons scintillants dans le vent

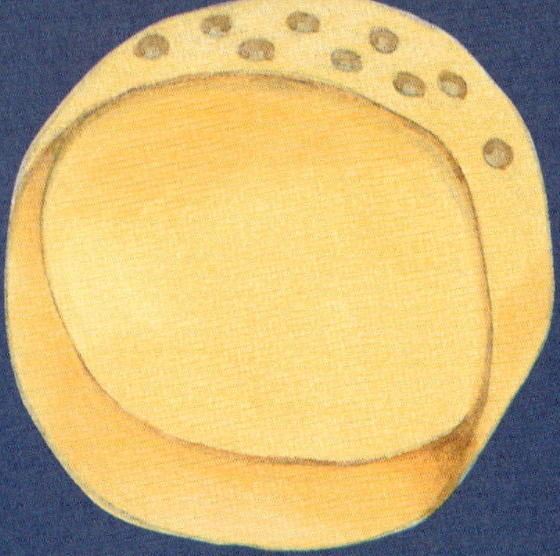

Demande à un adulte de percer le bord d'une boîte à fromage : 6 trous pour les cheveux et 3 pour la frange.

Découpe un rond de papier à la taille de la boîte. Dessine ou peins un visage et colle-le au fond du cadre.
Fixe une attache au dos.

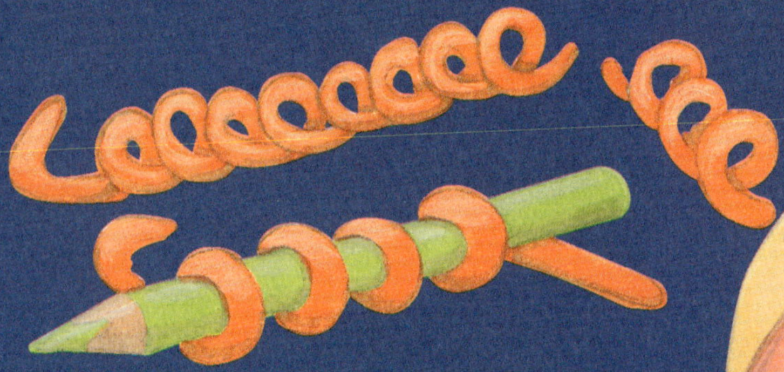

Enroule 6 longues chenilles et 3 plus petites autour d'un crayon. Glisse-les dans les trous et replie-les pour les fixer.

Jolie frimousse rigolote

Le cœur : Peins une boule.
Laisse sécher.
Pique des petits morceaux droits ou recourbés pour les étamines.

La tige : Enroule une chenille sur une brochette. Croise une moitié de chenille. Modèle les feuilles en tire-bouchon ou en spirale.

Les pétales ronds : Enroule des longues chenilles en spirale.
Les pétales allongés : Plie des chenilles 4 fois.
Pique les pétales et la tige dans le cœur. Plante ta fleur dans un petit pot rempli de pâte à modeler verte.

Le jardin des fleurs magiques

Araignée : Sur une boule peinte, fais 3 trous de chaque côté et pique 6 chenilles pour faire des pattes velues. Colle les yeux, la bouche et une touffe de poils en spirale sur la tête.

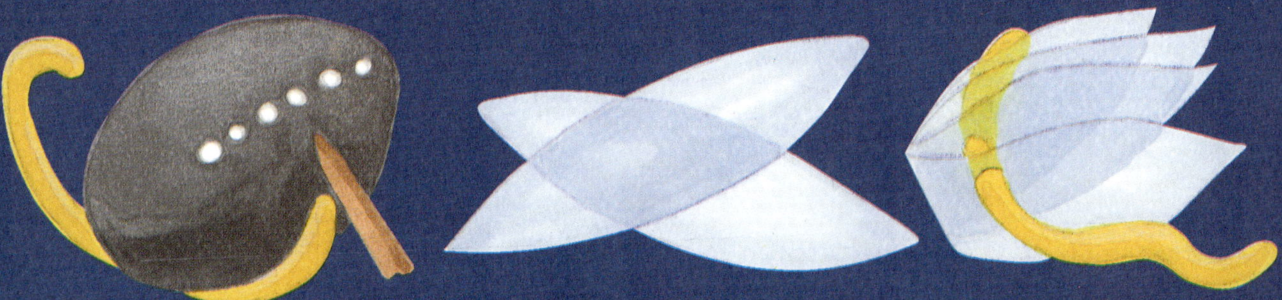

Abeille : Fais 6 trous sur un œuf peint et prépare 6 chenilles pour les rayures.

Découpe les ailes en plastique transparent, plie-les, perfore-les et glisse-les sur une chenille.

Fixe les rayures autour de l'œuf, puis les pattes. Colle les yeux et la bouche.

Enroule une chenille
en spirale.
Attache-la à une
autre chenille.

Torsade 2 chenilles pour les bras et
replie les extrémités. Attache-les en
les croisant sous la tête.

Entoure, sans serrer,
une grande chenille
sur le haut de la tête.
Aplatis les boucles et
coiffe les cheveux.

Colle la bouche
et 2 yeux mobiles.
Enroule le corps
sur un crayon.

Les crayons-tortillons

La boîte : Peins le fond d'une boîte à fromage en carton. Colle de la chenille verte en spirale sur tout le couvercle.

Pour les fleurs, enroule des petits morceaux de chenille de toutes les couleurs en spirale. Place une petite tige verte au centre. Perce des trous dans le couvercle et plante tes fleurs.

Fleurs à pétales : Fais une boucle et vrille-la. Refais des boucles. Entortille une autre chenille pour la tige.

Boîte à secrets fleurie

Demande à un adulte de recouper une grosse boule.
Peins 4 œufs de différentes couleurs et la boule en bleu.

Prépare pour chaque poisson : 2 nageoires, 1 queue et une chenille pour les rayures.

Perce 3 trous dans les œufs. Pique la queue, les nageoires et les rayures. Colle les yeux mobiles et la bouche.
Recouvre 4 cure-dents de chenille et plante les poissons sur la boule.
Ajoute des algues.

Poissons polissons tout ronds !

Invente un petit monde tout doux !